AF303389

Histoire & Actualité

LA BATAILLE DES ARDENNES

Les derniers jours de l'occupation allemande
en Belgique

Par Amélie Roucloux
Sous la direction de Pierre-Luc Plasman

50MINUTES.fr

LA BATAILLE DES ARDENNES

INTRODUCTION

La bataille des Ardennes survient à la fin de la Seconde Guerre mondiale. L'assaut est donné le 16 décembre 1944 vers 5 h 30 par les Allemands dans le but de bloquer l'avancée des Alliés et de reprendre le port d'Anvers. Depuis quelque temps, la situation de l'armée allemande est inquiétante. À la suite du débarquement de Normandie (6 juin 1944), les soldats sont contraints d'abandonner les fortifications qui forment le mur de l'Atlantique et de se retrancher sur le front ouest, ne pouvant contre-attaquer les Alliés. Toutefois, en septembre 1944, Adolf Hitler (1889-1945) entrevoit la possibilité d'une contre-offensive. En effet, la progression des Alliés est ralentie à cause de mésententes, de difficultés pour dégager le port d'Anvers et de batailles sanglantes qui ont lieu dans la forêt de Hürtgen. Adolf Hitler met alors en place l'opération *Wacht am Rhein* (en référence à la chanson

La Garde au Rhin qui a une valeur identitaire importante pour les Allemands). Il désire reprendre la stratégie utilisée lors de l'invasion de la Belgique en mai 1940 pour fondre sur les Ardennes belges, alors peu défendues par les Alliés. L'objectif de l'opération est d'envoyer ses soldats s'emparer d'Anvers, de couper les Alliés de ce point de ravitaillement et de diviser leurs armées. Après deux mois de combats, l'offensive allemande se solde par un échec et les pertes subies dans les deux camps sont importantes. L'engagement massif de soldats, l'âpreté des combats et les conditions climatiques désastreuses ont contribué à faire de la bataille des Ardennes un événement majeur de la Seconde Guerre mondiale.

DONNÉES-CLÉS

- **Quand ?** Du 16 décembre 1944 au 28 janvier 1945
- **Où ?** Dans les Ardennes (Belgique) et au Grand-duché de Luxembourg
- **Contexte ?** La Seconde Guerre mondiale (1939-1945)
- **États belligérants ?** Les Alliés (États-Unis et

Grande-Bretagne) et le IIIe Reich (Allemagne)

- **Acteurs principaux ?**
  - Bernard Law Montgomery, maréchal britannique (1887-1976)
  - George Smith Patton, général américain (1885-1945)
  - Hasso von Manteuffel, général allemand (1897-1978)
  - Josef, dit Sepp Dietrich, général allemand (1892-1966)
- **Issue ?** Victoire des Alliés
- **Victimes ?**
  - Forces britanniques : environ 200 soldats tués, 240 blessés et 970 prisonniers de guerre et portés disparus
  - Forces américaines : environ 18 500 soldats tués, 46 200 blessés et 10 900 prisonniers de guerre et portés disparus
  - Forces allemandes : environ 29 800 soldats tués, 34 450 blessés et 22 500 prisonniers de guerre et portés disparus

CONTEXTE POLITIQUE ET SOCIAL

DU MUR DE L'ATLANTIQUE AU MUR DE L'OUEST

Depuis quelques mois, l'Allemagne connaît de solides revers. On pense notamment à la bataille d'El-Alamein en Égypte (23 octobre-3 novembre 1942) à l'issue de laquelle le maréchal allemand Erwin Rommel (1891-1944) a été contraint d'abandonner l'Égypte puis l'Afrique, ou encore à la bataille de Stalingrad (17 juillet 1942-2 février 1943) où les Allemands subissent à nouveau une lourde défaite. Ces échecs consécutifs font chuter le moral des troupes allemandes.

BON À SAVOIR

La bataille d'El-Alamein a lieu du 23 octobre au 3 novembre 1942. Depuis quelque temps, l'*Afrikakorps* (l'armée allemande située sur le continent) gagne du terrain en Afrique. Cela n'échappe pas à Winston Churchill (homme d'État britannique, 1874-1965) qui ordonne d'en stopper la progression à l'armée du maréchal Bernard Law Montgomery (1887-1976) alors en place. Celle-ci est composée de 200 000 soldats, tandis que le maréchal allemand Erwin Rommel n'a à sa disposition que 104 000 hommes. L'opération est une grande victoire pour les Alliés : elle permet de reconquérir l'Afrique du Nord et marque le début du repli des troupes allemandes sur tous les fronts.

La bataille de Stalingrad est lancée le 17 juillet 1942 et prend fin le 2 février 1943. C'est le général allemand Friedrich von Paulus (1890-1957) qui est chargé par Adolf Hitler de l'offensive, dont le but est d'obtenir le contrôle de la ville et d'ainsi contrôler les voies de ravitaillement soviétiques. Pour ce faire, il a un million d'hommes à sa charge. Malgré d'importants effectifs, les soldats allemands doivent faire face à la violence de la résistance russe. Alors que le manque de vivres et d'armes place l'armée allemande en très mauvaise posture, Adolf Hitler ordonne de poursuivre les combats. Toutefois le 2 février, le général Friedrich von Paulus capitule, après avoir perdu de nombreux soldats. Au total, ce sont près d'un million d'hommes qui ont péri sur le champ de bataille, marquant ainsi l'une des plus grandes défaites militaires d'Adolf Hitler.

Par ailleurs, suite à la rupture du pacte germano-soviétique survenue en 1941, l'URSS, la Grande-Bretagne et les États-Unis signent un traité d'alliance et décident d'ouvrir un front à l'ouest. Avec le débarquement de Normandie, c'est chose faite. Le IIIe Reich est ainsi pris entre deux feux :

- à l'est, l'Allemagne nazie se trouve aux prises avec l'URSS ;
- à l'ouest, elle subit les attaques des Alliés.

C'est alors un nouveau coup de massue qui est infligé à la Wehrmacht (nom donné à l'armée allemande sous le régime nazi) le 6 juin 1944, date du débarquement.

LES CONSÉQUENCES DU DÉBARQUEMENT ALLIÉ

Le débarquement de Normandie est préparé pendant de nombreux mois par le général américain Dwight David Eisenhower (1890-1969) dans le but de créer un nouveau front à l'ouest et de prendre le contrôle d'un lieu stratégique dans l'acheminement du ravitaillement. Ce sont plus de trois millions de soldats américains, britanniques et canadiens qui sont réquisitionnés pour la mission. À la tête de cette immense armée se trouve le maréchal britannique Bernard Law Montgomery. Dans la nuit du 5 au 6 juin 1944, des milliers de parachutistes et de navires prennent d'assaut les cinq plages choisies pour l'occasion. Face à cela, les Allemands, qui pensaient que le débarquement aurait lieu à un autre endroit, se montrent très vite désemparés. Le 6 juin, l'opération alliée est une réussite. Le bilan est cependant lourd : les Américains ont perdu environ 3 400 hommes, les Britanniques 3 000, les Canadiens 335 et les Allemands 6 500.

Le 13 juin 1944, les Alliés comblent les vides qui séparent les différents lieux du débarquement : le mur de l'Atlantique (système de fortifications conçu par les Allemands pour empêcher toute invasion des Alliés par la Grande-Bretagne) est percé. Après la réunion des forces alliées en Normandie, la Wehrmacht ne peut plus contenir l'afflux de soldats arrivés par la Manche. Harcelée par l'aviation alliée, elle n'a d'autre choix que de reculer.

Toutefois, l'armée alliée doit elle aussi faire face à des difficultés de plus en plus nombreuses. En effet, certains ports de l'Atlantique sont inaccessibles, car ils ont été détruits ou sont actuellement occupés par une poche de résistance allemande. Si cette situation n'est pas encore dramatique, puisque les Alliés disposent d'un point de débarquement en Normandie, la question du contrôle des ports devient de plus en plus cruciale à mesure que les armées alliées avancent dans les terres. En effet, cette progression rend le ravitaillement plus long et compliqué. Dès lors, le contrôle d'un port comme celui d'Anvers devient crucial et, très vite, Bernard Law Montgomery reçoit l'ordre de s'occuper de ce point stratégique.

Cependant, si l'armée allemande recule, elle ne le fait pas sans résistance. En effet, cette dernière a pour objectif de gagner du temps pour restaurer le mur de l'ouest (également appelé « ligne Siegfried ») qui permettrait de stopper l'avancée des Alliés et de garantir l'intégrité du territoire national allemand. Ce mur est constitué d'obstacles naturels et de fortifications artificielles et constitue une ligne défensive. Son point de départ se situe au niveau des bouches de l'Escaut, il passe ensuite par Anvers, par le canal Albert, puis par un tronçon de la ligne Siegfried situé aux frontières belges et luxembourgeoises, et est enfin prolongé par la Moselle et par les Vosges. C'est en septembre 1944, après avoir repoussé le gros des troupes de la Wehrmacht, que les Alliés arrivent en face du mur de l'ouest.

BON À SAVOIR

La ligne Siegfried est une ligne de défense construite par les Allemands entre 1936 et 1940. Elle est composée de bunkers et de tunnels ainsi que de blocs de béton sur lesquels ont été placés des obstacles et des mines. Elle s'étend le long de la frontière occidentale de l'Empire allemand et est percée par les Alliés en 1945.

Le 1er septembre 1944, le général américain Dwight David Eisenhower prend le commandement des armées. Sous ses ordres, on retrouve des généraux qui joueront un rôle important au cours de la bataille des Ardennes et qui se répartissent comme suit :

- le maréchal britannique Bernard Law Montgomery, à la tête du 21ᵉ groupe d'armées, se trouve au Nord de la Belgique, près de la région d'Anvers ;
- le général américain Omar Nelson Bradley (1893-1981), commandant du 12ᵉ groupe d'armées des États-Unis, se trouve au centre de la progression alliée, au niveau des Ardennes belges ;
- le général américain George Smith Patton (1885-1945), général de la 3ᵉ armée américaine, se trouve au sud de la progression alliée, au niveau de l'Alsace et de la Lorraine.

LA PRISE DU PORT D'ANVERS

Le port d'Anvers constitue un objectif stratégique. En effet, il s'agit du deuxième port le plus important d'Europe. Sa prise permettrait aux Alliés d'obtenir les ravitaillements nécessaires à leur progression vers l'Allemagne. Ce sont les armées sous les ordres du maréchal Bernard Law Montgomery qui se chargent de sa libération :

c'est chose faite le 4 septembre 1944. Mais, si le port est libéré, l'estuaire de l'Escaut, qui mène à la mer du Nord, est toujours tenu par les Allemands, ce qui rend le port inutilisable. Ainsi, sans la prise de l'estuaire, les Alliés ne pourront régler la question du ravitaillement.

Toutefois, Bernard Law Montgomery n'en perçoit pas les conséquences et préfère s'attaquer à la région de la Ruhr (Allemagne). Dans cette optique, il lance l'opération *Market Garden* à la mi-septembre afin de s'emparer des ponts stratégiques des Pays-Bas, alors aux mains des Allemands. Cette opération est un semi-échec : le maréchal ne parvient pas à s'emparer de toutes les positions et perd de nombreux hommes.

Cependant, le 6 octobre, alerté par la précarité de la position logistique des armées alliées due à l'impossibilité d'exploiter le port d'Anvers, Bernard Law Montgomery charge les troupes canadiennes de libérer l'estuaire. Cette opération coûte la vie à de nombreux soldats et il faut attendre le 29 novembre pour que l'estuaire de l'Escaut soit enfin dégagé. Le temps dévolu à cette mission aura de fâcheuses répercussions. En effet, les Alliés, de plus en plus éloignés de

leurs points de ravitaillement, deviennent vulnérables à une attaque allemande. Par ailleurs, le
manque de ressources ralentit leur progression,
ce qui permet à la Wehrmacht de se remettre de
ses récentes défaites. Toutefois, cette mission
permet de rendre le port utilisable et offre un
nouveau point de ravitaillement aux Alliés. Adolf
Hitler le sait et ne compte pas abandonner si
facilement ce point stratégique.

LA BATAILLE DE LA FORÊT DE HÜRTGEN

À proximité de la frontière belgo-allemande se
trouve la forêt de Hürtgen, qui se situe devant
le secteur du major général américain Joseph
Lawton Collins (1896-1987). Ce dernier, sous
le commandement du général Omar Nelson
Bradley, fait preuve du même empressement
que Bernard Law Montgomery pour attaquer le
mur de l'ouest. Pour atteindre ce but, il engage
ses troupes dans la forêt. Face aux Alliés, les
soldats allemands, ayant pu se remettre de la
campagne d'été, opposent une farouche résistance pendant de nombreux mois. Ainsi, cette
bataille commencée le 19 septembre 1944 ne se

terminera que le 10 février 1945. Pourtant, ce lieu ne représente aucun intérêt stratégique et ses denses taillis forment un obstacle qu'il aurait mieux valu contourner. De plus, le bilan est très lourd : les Américains perdent environ un quart de leurs effectifs engagés. Par ailleurs, alors que les Alliés se battent bec et ongles pour un secteur sans intérêt stratégique, la Wehrmacht se prépare à l'arrière pour organiser une attaque de grande envergure dans les Ardennes.

ACTEURS PRINCIPAUX

BERNARD LAW MONTGOMERY, MARÉCHAL BRITANNIQUE

Né à Londres en 1887, Bernard Law Montgomery est un maréchal britannique. Il débute sa carrière militaire en 1907 lorsqu'il entre à l'académie royale militaire de Sandhurst (Grande-Bretagne). De 1908 à 1913, il officie en Inde. Un an plus tard, il participe à la Première Guerre mondiale (1914-1918) et en sort avec le grade de lieutenant-colonel.

C'est au cours de la Seconde Guerre mondiale qu'il marque l'histoire en battant Erwin Rommel durant la bataille décisive d'El-Alamein lors de la campagne d'Afrique. Si cette dernière ne signe pas la fin de la campagne d'Afrique, elle constitue néanmoins un tournant sur le front africain. En effet, à partir de ce moment, les troupes allemandes ne cesseront de reculer face aux forces alliées. En 1944, Bernard Law Montgomery retourne à Londres afin d'organiser le débarquement de Normandie qui aura lieu le 6 juin 1944 et sera décisif dans la libération de l'Europe occidentale. À la tête du 21ᵉ groupe d'armées, il progresse jusqu'au port d'Anvers. Il s'empare des ponts d'Eindhoven, de Nimègue et d'Arnheim aux Pays-Bas, sans pour autant libérer l'estuaire d'Anvers au préalable, endroit pourtant stratégique pour le ravitaillement.

Lors de la bataille des Ardennes, il commet une nouvelle erreur : alors qu'il arrive rapidement sur le flanc nord de la percée allemande, il n'attaque pas et se contente de contenir l'avancée allemande dans ce secteur. Ses défenseurs affirment cependant qu'il s'agit là d'une option défensive prudente et intelligente, tandis que ses détracteurs pensent qu'il préfère laisser les Américains attaquer. D'ailleurs, il ne passera à l'offensive que lorsque George Smith Patton aura libéré Bastogne.

À la fin de la guerre, il continue à exercer des fonctions dans l'armée et meurt en 1976 à Alton, en Grande-Bretagne.

GEORGE SMITH PATTON, GÉNÉRAL AMÉRICAIN

Né le 11 novembre 1885, George Smith Patton est un militaire de carrière. En 1904, il entre à l'académie militaire de West Point et obtient son diplôme cinq ans plus tard. C'est en 1917 qu'il part pour l'Europe, mais il ne s'engage pas directement dans le conflit. En effet, arrivé à Paris, il commence à se passionner pour les chars et décide de former des hommes à leur maniement. Ce n'est donc qu'en 1918 qu'il part sur le front avec ses chars.

Lors de la Seconde Guerre mondiale, il participe aux campagnes d'Afrique, de Sicile, de Normandie et de Lorraine. Lorsque la ville de Bastogne est attaquée en 1944, George Smith Patton, alors général de la 3e armée américaine, comprend très vite l'urgence de la situation et, avant même d'en recevoir l'ordre, il organise le déplacement de ses troupes en direction de la ville. Se trouvant sur le flanc sud de la progression alliée au moment de l'offensive, il ordonne un virage à 90° à ses troupes et fonce rapidement vers Bastogne. Il joue un rôle-clé dans la libération de la ville et dans la mise en échec de l'offensive allemande.

George Smith Patton meurt dans un accident de voiture le 21 décembre 1945 à Heidelberg, en Allemagne.

HASSO VON MANTEUFFEL, GÉNÉRAL ALLEMAND

Né le 14 janvier 1897, Hasso von Manteuffel est un général allemand de la Wehrmacht. C'est en 1908 qu'il entre à l'école militaire et il intègre en 1916 l'armée impériale allemande. Il participe donc à la Première Guerre mondiale. Néanmoins, il est rapidement blessé et est écarté du front durant quelques mois.

Très vite, il se montre comme l'un des fervents défenseurs des divisions blindées. Il se distingue lors de la Seconde Guerre mondiale en Afrique du Nord et sur le front russe. Adolf Hitler y repère d'ailleurs ses qualités de chef militaire et le choisit pour commander la Ve armée blindée allemande dans l'offensive des Ardennes. Même s'il en sort perdant, il est reconnu comme l'officier allemand qui s'est le mieux tiré d'affaire au cours de la bataille. En effet, alors qu'il incombait à la VIe armée blindée allemande de Sepp

Dietrich d'effectuer la poussée principale, c'est la Ve armée de Hasso von Manteuffel qui réussit à aller le plus loin derrière les lignes américaines.

Après la guerre, il est emprisonné dans un camp allié jusqu'en 1947. Une fois libéré, il devient membre du parlement allemand (le *Bundestag*) et représentant du parti libéral-démocrate. Il meurt le 24 septembre 1978 en Autriche.

SEPP DIETRICH, GÉNÉRAL ALLEMAND

Né en 1892, Josef, alias Sepp, Dietrich est un officier général allemand. Il s'engage en 1911 et participe à la Première Guerre mondiale. Mais une fois la guerre terminée, il est démobilisé et ne cherche pas à continuer sa carrière dans l'armée. Il s'engage alors dans les corps francs (groupe de combattants civils) et prend la carte du parti nazi en 1926. Il devient alors un soldat politique.

Lorsque la Deuxième Guerre mondiale éclate, il est général de la Waffen-SS (armée d'élite politique soumise aux pensées nazies). Il participe tout d'abord au conflit sur le front occidental et se déplace ensuite sur le front est. En 1944, il mène des troupes allemandes qui tentent de résister au débarquement allié. Lorsque son armée parvient à passer derrière le mur de l'ouest, Adolf Hitler le désigne pour mener la VIe armée blindée allemande et effectuer la poussée principale vers Anvers. Ce choix est sans doute une des conséquences de l'attentat auquel le Führer vient tout juste d'échapper : ce dernier ne fait plus confiance aux officiers de l'armée régulière. C'est là encore une erreur de sa part car Sepp Dietrich ne parvient pas à enfoncer les lignes ennemies.

Après la guerre, Sepp Dietrich est condamné à perpétuité par le tribunal militaire de Dachau à cause du massacre de 84 prisonniers américains à Baugnez. Sa peine est commuée en 25 années de prison. Libéré en 1957, il ne cesse d'être dans le collimateur de la justice pour d'autres crimes qu'il a perpétrés dans les années 30 à 45. Il meurt le 21 avril 1966 à Ludwigsburg.

ANALYSE DE LA BATAILLE

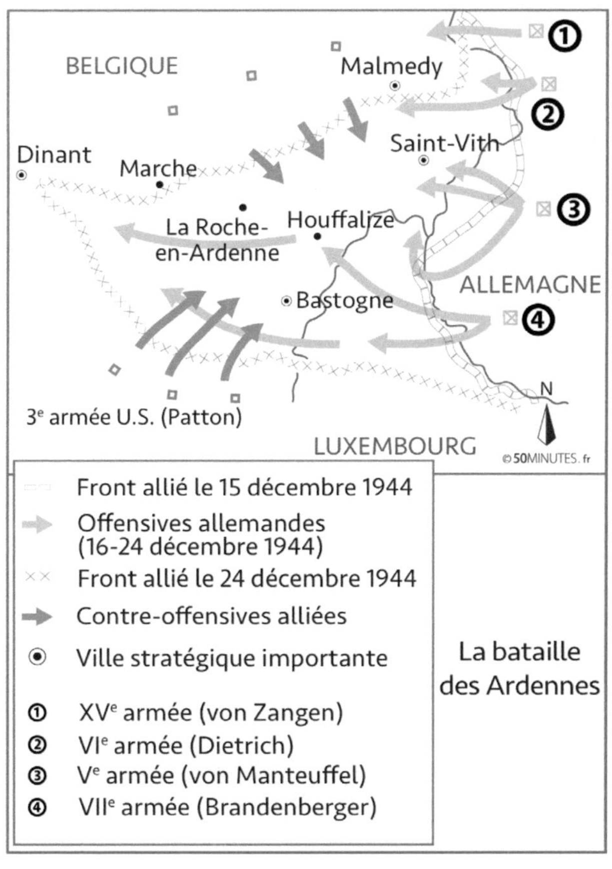

LES PRÉPARATIFS ALLEMANDS

Le 16 septembre 1944, Adolf Hitler prépare l'opération *Wacht am Rhein* pour reprendre Anvers et freiner la progression des Alliés. L'idée est de créer une guerre éclair (*Blitzkrieg* en allemand) sur le secteur le plus faible du front allié : les Ardennes belges. Pour ce faire, il se base sur le plan Manstein qui a permis d'envahir la Belgique et de séparer les troupes alliées en 1940. L'objectif d'Adolf Hitler est triple :

- s'emparer tout d'abord du port d'Anvers et ainsi couper les Alliés de ce point de ravitaillement ;
- diviser ensuite les armées anglaises de Bernard Law Montgomery et les armées américaines d'Omar Nelson Bradley ;
- prendre enfin les réserves de pétrole des Alliés, utiles pour les chars allemands qui en manquent cruellement suite aux bombardements soutenus des dépôts de carburant.

De plus, il espère profiter de la végétation de cette région pour que ses divisions blindées prennent position en toute discrétion. Par ailleurs, il choisit de lancer l'opération aux alentours du mois de novembre, alors que l'armée allemande n'est pas habituée à lancer des assauts en hiver en raison des mauvaises conditions climatiques qui rendent la progression des armées engagées plus complexe. Pourtant, ce choix a été murement réfléchi. En effet, la Wehrmacht ne possède plus assez d'avions pour livrer une bataille aérienne. Adolf Hitler compte donc sur le brouillard, fréquent à cette époque de l'année, pour clouer l'aviation alliée au sol, l'empêchant ainsi de bombarder les positions des soldats allemands. Son importance est telle dans la bataille que l'opération est également connue sous le nom de « Brouillard d'Automne ». Celui-ci permettrait également de favoriser l'effet de surprise. En effet, il est important que cette opération reste secrète, d'autant plus que les Alliés croient les Allemands incapables d'une contre-offensive de grande envergure.

BON À SAVOIR

La *Blitzkrieg*, ou guerre éclair, est une stratégie d'attaque mise en place par la Wehrmacht en 1939-1941. Elle se construit sur une attaque massive des forces ter-restres, aériennes et mécanisées concen-

À la fin du mois d'octobre 1944, Hitler fait part de son plan à ses généraux, Gerd von Rundstedt (1875-1953) et Walter Model (1891-1945). Or ceux-ci ne partagent pas l'enthousiasme du Führer, et ce pour plusieurs raisons. Ils considèrent tout d'abord que les Ardennes de cet hiver 1944 ne sont pas les mêmes que celles du printemps 1940 et ne constituent plus un terrain propice pour mener une guerre éclair. De plus, il est fort hasardeux selon eux de compter sur le mauvais temps pour se protéger d'une attaque de l'aviation alliée. Ils jugent également que la Wehrmacht n'est pas assez solide pour mener une attaque d'une telle envergure face aux armées alliées. En effet, la VIIe armée, chargée de protéger le flan sud de l'offensive, est trop faible et les unités d'infanterie manquent d'entraînement. Notons cependant que pour pallier le manque d'effectifs, Adolf Hitler lance une grande campagne de recrutement afin d'enrôler toute personne capable de se battre, intégrant ainsi dans son armée des jeunes gens et des vieillards qui ne disposent d'aucune expérience militaire.

Toutefois, malgré leurs réticences, les généraux sont contraints d'appliquer le plan d'Adolf Hitler. C'est donc dans le plus grand secret, sous couvert du brouillard et de la nuit, que les soldats allemands se mettent en route vers les Ardennes belges. Au total, ce sont plus de 250 000 hommes ayant à leur disposition plus d'un millier de chars, 2000 canons et 1500 avions qui prennent part à la bataille. Ils sont répartis comme suit :

- au nord, la XVe armée de Gustav-Adolf von Zangen (1892-1964) est chargée de protéger le flanc nord de l'offensive ;
- au centre-nord, la VIe armée blindée SS du général allemand Sepp Dietrich est chargée d'effectuer la poussée principale durant l'offensive des Ardennes. Son objectif est Anvers ;
- au centre-sud, la Ve armée blindée du général Hasso von Manteuffel (1897-1978) est chargée d'effectuer une poussée importante. Son objectif est Bruxelles ;
- au sud, la VIIe armée du général Erich Brandenberger (1892-1955) est chargée de protéger le flanc sud de l'offensive.

LA SITUATION DES ALLIÉS

Les problèmes de ravitaillement, les difficultés du dégagement de l'estuaire de l'Escaut ainsi que les pertes subies au cours de la bataille de la forêt de Hürtgen ont considérablement ralenti la progression des Alliés. Toutefois, malgré cette situation défavorable, les états-majors sont persuadés que l'armée allemande est à genoux et qu'elle ne peut préparer d'offensives de grande envergure.

Par ailleurs, une mésentente éclate entre le maréchal britannique Bernard Law Montgomery et le général américain George Smith Patton, tous deux connus pour leur sens de la compétition, quant au déroulement de la suite de la guerre. En effet, Bernard Law Montgomery soutient la nécessité de concentrer les forces pour une poussée unique vers la Ruhr, tandis que Patton préfère se diriger vers Francfort. Toutefois, c'est le général américain Dwight David Eisenhower qui a le dernier mot, et il décide de faire une avancée par à-coups sur toute la ligne de front. Dès lors, les objectifs principaux étant la Ruhr et Francfort, le gros des armées alliées se situe au nord et au sud des Ardennes belges, laissant ce territoire presque sans défense.

Cette région est considérée comme un front secondaire et n'est défendue que par quatre divisions d'infanterie et par une division blindée sous les ordres d'Omar Nelson Bradley. Deux d'entre elles se reposent après avoir participé à la bataille de la forêt de Hürtgen et y avoir perdu de nombreux soldats. Les deux autres sont composées de soldats inexpérimentés récemment débarqués en Europe. Ainsi, les Ardennes belges apparaissent comme une sorte de lieu de repos et d'acclimatation pour les nouvelles unités. Les soldats s'y préparent même à fêter Noël. Notons d'ailleurs que l'actrice et chanteuse américaine d'origine allemande Marlene Dietrich (1901-1992) rend visite aux troupes alliées le 16 décembre, date du début de la bataille, à cinq kilomètres à peine du front. Pourtant, peu de temps avant, les services de renseignement avertissent les états-majors alliés que les Allemands sont en mouvement de l'autre côté du front et qu'il y a un risque d'attaque imminente.

Avant l'attaque, les troupes alliées se répartissent comme suit :

- au Nord des Ardennes se trouve le 21ᵉ groupe d'armées britannique du maréchal Bernard Law Montgomery, au niveau de la région d'Anvers ;
- dans les Ardennes belges se trouve le 12ᵉ groupe d'armées des États-Unis du général Omar Nelson Bradley qui contient environ 80 000 soldats, 245 chars et 590 canons ;
- au Sud des Ardennes se trouve la 3ᵉ armée des États-Unis du général George Smith Patton, au niveau de l'Alsace et de la Lorraine.

L'ATTAQUE SURPRISE

Le 16 décembre 1944, à 5 h 30, environ un millier de chars prennent d'assaut les Ardennes : l'attaque est fulgurante et surprend les soldats américains. Très vite, les lignes de liaison sont coupées et les lignes de ravitaillement situées à l'arrière du front sont perturbées. L'aviation alliée est clouée au sol par un brouillard dense. Tout cela permet à la Wehrmacht de progresser et de faire de nombreux prisonniers. Par ailleurs, le lieutenant-colonel SS Otto Skorenzy (1908-1975) mène l'opération *Greif*, qui consiste à s'infiltrer dans les rangs américains avec quelques hommes déguisés en soldats américains pour troubler l'ordre et se livrer à des actes de sabotage. Ils sont très vite démasqués, mais cela crée une atmosphère de suspicion très pesante au sein de l'armée alliée.

Tout se déroule donc comme l'espérait Adolf Hitler, malgré la résistance au nord qui bloque la progression de l'armée de Sepp Dietrich. Le front s'étend ainsi sur une centaine de kilomètres. Toutefois, si, dans un premier temps, le général Omar Nelson Bradley ne veut pas croire qu'il s'agit là d'une attaque d'envergure, il se ressaisit rapidement et prépare la défense. Quelques jours plus tard, le général Dwight David Eisenhower organise la contre-offensive et décide d'envoyer la 101e division aéroportée des États-Unis d'Anthony McAuliffe (1898-1975) à Bastogne. Bernard Law Montgomery et George Smith Patton sont également appelés en renfort. Bernard Law Montgomery, étant le plus proche du théâtre des opérations, arrive en premier et prend position sur le flanc nord de la percée allemande, au niveau de la Meuse limbourgeoise.

Du côté allemand, la situation se complique. En effet, les craintes des généraux d'Adolf Hitler se confirment : les réserves de carburant s'épuisent et il est impossible de s'emparer des stocks des Alliés. De plus, le froid de l'hiver a verglacé et enneigé les routes, ce qui complique l'avancée allemande. Par ailleurs, les soldats américains leur opposent une farouche résistance. Aussi, si la Wehrmacht a réussi une percée de 30 kilomètres derrière les lignes alliées, est-elle en retard sur les plans. Au nord, le général allemand Sepp Dietrich, à qui incombait le rôle de mener la poussée principale vers Anvers, ne parvient pas à briser la résistance alliée. Sa percée est un échec et il doit adopter une position défensive. En effet, passé l'effet de surprise, les Alliés se sont ressaisis, ce qui a pour effet de ralentir la progression allemande. De plus, les blindés du général sont menacés de panne d'essence.

Toutefois, si Sepp Dietrich est bloqué par la résistance alliée, un de ses officiers, Joachim Peiper, parvient à avancer. Il parvient à proximité du front dès le 17 décembre 1944 et cherche alors à dégager un passage vers la Meuse pour l'armée de Sepp Dietrich. Cependant, pressé par le retard engendré par l'armée allemande et harcelé par un groupe de soldats américains qui ont détruit tous les ponts que Joachim Peiper désirait prendre, ce dernier est contraint d'emprunter de nombreux détours. En raison de ces nombreuses difficultés, Joachim Peiper ne s'encombre pas de prisonniers et fait tuer tous les hommes capturés, se rendant ainsi coupable du massacre de Baugnez-Malmédy pour lequel il sera condamné par la suite. Au final, le manque d'essence le pousse à abandonner son avancée quelques jours plus tard.

LA DÉFENSE DE BASTOGNE

Au sud, en revanche, la percée allemande est une réussite et, le 19 décembre 1944, les troupes de Hasso von Manteuffel arrivent devant Bastogne, où se trouve la 101e division aéroportée d'Anthony McAuliffe. Pour ne pas ralentir sa progression, l'armée allemande décide d'encercler Bastogne : ce sera chose faite dans la nuit du 21 au 22 décembre. Toutefois, Hasso von Manteuffel espère bien s'emparer de la ville, car elle se situe au cœur du nœud des communications routières et ferroviaires de la région ardennaise : c'est là que se jouera le sort de la bataille. Elle représente donc un fort intérêt stratégique qui pourrait permettre une progression rapide vers la Meuse. Bien conscient de cela, Anthony McAuliffe refuse de se rendre. Hasso von Manteuffel reçoit alors l'ordre de continuer sa progression en direction de la Meuse avec le gros de ses armées, laissant le soin au major général Heinz Kokott (1900-1976) de s'emparer de la ville.

Malgré les difficultés dues au terrain, au ravitaillement et à la résistance des soldats américains, les armées de Hasso von Manteuffel progressent et, le 24 décembre 1944, elles se retrouvent à Dinant, face à la Meuse. L'objectif est atteint, mais cette réussite est de courte durée. En effet, la percée est mince et fragile. De plus, Sepp Dietrich n'ayant pas atteint ses objectifs, les troupes de von Manteuffel se trouvent exposées sur le flanc nord.

Les Alliés peinent également à s'en sortir. En effet, Bastogne est le théâtre de violents combats : les attaques se déroulent de jour comme de nuit. Les combattants de la 101e division aéroportée d'Anthony McAuliffe tentent par tous les moyens de refouler les soldats de la Wehrmacht. Toutefois, le 22 décembre 1944, la situation change grâce à l'arrivée du général

George Smith Patton non loin de Bastogne, sur le flanc sud de la percée allemande, ce qui laisse entrevoir une lueur d'espoir. Toutefois, celui-ci doit faire face aux mêmes difficultés que les Allemands : la neige ne cesse de tomber et les voies d'accès sont peu accessibles ; la nuit, les températures descendent jusqu'à -25 °C, ce qui cause d'importantes engelures, au point de né-cessiter l'évacuation de très nombreux soldats. Mais le 23 décembre 1944, une embellie survient qui durera quelques jours : le brouillard se dissipe pour laisser place au soleil. L'aviation peut alors décoller et ravitailler Bastogne, qui tient encore malgré les assauts violents et répétés de l'armée allemande.

La situation reste cependant alarmante à Bastogne, puisque le 24 décembre, la Wehrmacht s'empare presque de la ville. Le jour de Noël, aucune trêve n'est annoncée : les combats continuent à faire rage. Par conséquent, le 26 dé-cembre, le général George Smith Patton change de tactique et décide de concentrer le gros de ses armées en un point pour ensuite tenter d'at-teindre Bastogne. L'opération est une réussite et il parvient à briser l'encerclement de la ville. Il faut maintenant protéger le couloir ainsi créé au milieu des forces ennemies.

Le retour du beau temps permet également à l'aviation alliée d'arrêter l'offensive allemande au sud. La Ve armée blindée du général Hasso von Manteuffel est divisée en deux et la IIe division blindée, qui était la plus avancée, est presque anéantie. C'est la fin de l'offensive allemande et le début de la contre-offensive alliée.

L'ISSUE DE LA BATAILLE

Puisque l'avancée de la Wehrmacht est définitivement bloquée, les Allemands doivent changer de stratégie : Bastogne devient ainsi l'enjeu principal. Leur objectif est donc de briser le couloir créé par George Smith Patton et de récupérer la ville. Mais Anthony McAuliffe continue de résister, d'autant plus qu'il est désormais soutenu par George Smith Patton et ses hommes. S'ensuivent de féroces combats, alors qu'on assiste à nouveau à une chute des températures et au retour de la neige. Le 30 décembre, le général allemand Hasso von Manteuffel lance une attaque sur la ville qui se solde par un échec.

Le 1er janvier 1945, les Allemands décident de lancer une vaste offensive aérienne. En théorie, déjà, cette opération est une folie, l'aviation alliée étant bien supérieure en nombre. Ce sera effectivement un échec et les Allemands subissent de lourdes pertes.

Les Alliés ayant repris l'avantage et tenant fermement Bastogne, la contre-attaque est lancée. Celle-ci consiste à prendre l'armée allemande en tenaille :

- les forces du maréchal Bernard Law Montgomery sont chargées d'enfoncer le flanc nord de la percée allemande ;
- dans le même temps, les forces du général George Smith Patton s'occupent du flanc sud.

Les deux armées doivent ensuite se rejoindre. La Wehrmacht ne s'attend pas à une attaque d'une telle envergure par un si mauvais temps. Surprise et épuisée, l'armée allemande est prise au dépourvu. Le 8 janvier 1945, le haut commandement allemand décide de replier ses troupes afin de réduire le front. Certains soldats sont alors chargés de repousser les Alliés, permettant aux autres d'adopter une position défensive plus solide. Mais l'armée allemande n'est plus que l'ombre d'elle-même et sa position défensive ne tient pas longtemps.

Notons que la progression des Alliés est renforcée par la rivalité entre le maréchal britannique Bernard Law Montgomery et le général américain George Smith Patton, chacun voulant arriver avant l'autre. Au fur et à mesure de leur avancée, les Alliés découvrent les horreurs commises par les Allemands lors de leur passage. En effet, sa progression devant être rapide, la Wehrmacht ne s'encombre pas de prisonniers et toute place lui opposant une quelconque résistance est violemment attaquée.

Le 12 janvier 1945, les Alliés sont près de réaliser la jonction entre les forces du nord et du sud. George Smith Patton décide qu'elle devra se faire dans la ville d'Houffalize, qu'il désire atteindre dès le lendemain. Cependant, des poches de résistance subsistent dans la région pour permettre le repli du gros des troupes de la Wehrmacht, ralentissant ainsi la progression des soldats américains. Le 16 janvier, la jonction entre les armées du nord et du sud est réalisée à Houffalize et au Moulin de Rensiwez.

Le 28 janvier 1945, la Wehrmacht est rejetée sur les positions qu'elle occupait avant le début des hostilités, ce qui marque la fin de la bataille des Ardennes et de l'occupation de la Belgique. Au final, le bilan humain est lourd dans les deux camps :

- du côté des forces allemandes, on estime qu'il y a eu environ 29 800 soldats tués, 34 450 blessés et plus de 22 500 prisonniers de guerre ou portés disparus ;
- du côté des forces américaines, on dénombre approximativement 18 500 soldats tués, 46 200 blessés et 10 900 prisonniers de guerre ou portés disparus ;
- du côté des forces britanniques, le bilan est de 200 soldats tués, 240 blessés et 970 prisonniers ou portés disparus.

À ces pertes s'ajoutent les morts de 2 500 civils belges.

RÉPERCUSSIONS DE LA BATAILLE

LA FIN DE LA GUERRE SUR LE FRONT EUROPÉEN

La bataille des Ardennes est un événement majeur de la fin de la Seconde Guerre mondiale, car elle esquisse la suite de la progression alliée et soviétique vers Berlin. En effet, si Adolf Hitler espérait mettre à genoux les armées ennemies, l'offensive des Ardennes a surtout contribué à l'affaiblissement de la Wehrmacht. Les pertes subies sont irréparables : alors que les Allemands ne possèdent déjà plus la maîtrise du ciel, ils se voient maintenant privés d'une partie de leurs meilleures unités. Du côté allié, le moral des troupes est au beau fixe. Elles disposent désormais d'un avantage encore plus grand face à l'ennemi.

La situation à l'est n'est pas plus réjouissante pour le Führer. Elle s'aggrave même à partir du 6 juin 1944 avec l'opération Overlord qui est l'une des conséquences, d'une part de la demande faite par Joseph Staline (1879-1953) de prendre le IIIe Reich entre deux feux et, d'autre part, de la volonté des Alliés de ne pas laisser l'Allemagne tomber entre les mains de l'Union soviétique. Cependant, alors que les Alliés se battent dans les Ardennes, l'Armée rouge en profite pour se lancer à corps perdu dans la course vers Berlin. Les soldats soviétiques atteignent finalement la capitale allemande le 30 avril 1945. Voyant tous ses plans s'écrouler et comprenant sa défaite, Adolf Hitler se suicide dans son bunker. Le 8 mai, l'Allemagne n'a d'autre choix que de capituler, mettant ainsi fin à la guerre en Europe.

LES PROCÈS POUR CRIMES DE GUERRE

Les gouvernements alliés décident en 1942 de juger les crimes de guerre orchestrés durant le conflit mondial. Ces procès commencent dès la chute du IIIe Reich. C'est dans ce contexte que l'officier allemand Joachim Peiper (1915-1976) comparait devant le Tribunal militaire international de Dachau en 1946 pour les massacres perpétrés à proximité de la ville de Malmedy.

Lors de la bataille des Ardennes, Joachim Peiper et ses hommes ont tendu une embuscade à une troupe de soldats alliés au carrefour de Baugnez, le 17 décembre 1944. Ne disposant que d'armes légères, ceux-ci ne peuvent résister face à la violence dont font preuve les soldats allemands. Ils décident donc rapidement de se rendre et sont tout d'abord faits prisonniers. Plus tard, ils sont regroupés dans une prairie et sont ensuite froidement abattus. Lors de son procès, Joachim Peiper est reconnu coupable et est condamné à mort. Sa peine n'est cependant pas appliquée et il est libéré au bout de 10 ans. D'autres procès suivent dont le célèbre procès de Nuremberg intenté contre les principaux responsables du IIIe Reich, qui se tiendra du 20 novembre 1945 au 1er octobre 1946.

L'OCCUPATION DE LA BELGIQUE

Le 10 mai 1940, les troupes allemandes violent la neutralité de la Belgique en envahissant son territoire. Les soldats belges tentent alors de lutter et de repousser les troupes ennemies. Pendant 18 jours, des combats éclatent en de nombreux endroits, mais les forts tombent les uns à la suite des autres, entraînant aussi la chute des plus grandes villes. Voyant les ressources diminuer, le roi Léopold III (1901-1983) ordonne à ses hommes de se rendre. La Belgique est à présent occupée et un nouveau système administratif est peu à peu mis en place. Les Belges sont donc soumis à de sévères restrictions, notamment en matière de denrées alimentaires ; certains citoyens sont envoyés en Allemagne pour y travailler, tandis que d'autres subissent les déportations. En réponse à cette invasion, un réseau de résistance est créé, faisant apparaître des services de renseignement et des journaux clandestins. Par ailleurs, de nombreux Belges se livrent également à des actes de sabotage pour couper les lignes de communication allemandes.

Comme l'invasion du pays a eu lieu rapidement, le territoire belge n'a pas subi de destructions majeures et ses usines sont encore fonctionnelles. Par conséquent, la bataille des Ardennes constitue l'un des seuls moments de la Seconde Guerre mondiale au cours duquel la Belgique connaît une véritable attaque. Le pays subit alors d'importantes destructions : des villes entières, des réseaux de communication et des ponts sont détruits. Si ces dégâts ne constituent pas un handicap majeur pour la Belgique au lendemain de la guerre, il n'en va pas de même pour les populations locales. Suite à la violence des affrontements, des milliers d'habitations sont détruites – les villes de Saint-Vith, Malmedy, Houffalize et La Roche étant les plus touchées. Les habitants des Ardennes belges paient la libération de la Belgique au prix fort.

EN RÉSUMÉ

1939

1er sept. : Début de la Seconde
Guerre mondiale

1944

6 juin : Débarquement de Nomandie

4 sept. : Libération du port d'Anvers

19 sept. : Début de la bataille de la
forêt de Hürtgen

29 nov. : Prise de l'estuaire de l'Escaut

***16 déc.* : Début de la batailles
des Ardennes**

1945

***28 janv.* : Fin de la bataille
des Ardennes**

10 févr. : Fin de la bataille de la
forêt de Hürtgen

30 avril : Les soviétiques atteignent
Berlin

8 mai : Fin de la Seconde Guerre
mondiale en Europe

- 16 décembre 1944 : l'offensive des Ardennes
est lancée. L'armée alliée, complètement prise
au dépourvu, est rapidement dépassée.

- Du 16 décembre 1944 au 21 décembre 1944 : l'offensive allemande continue, toutefois Sepp Dietrich ne parvient pas à effectuer sa percée.
- 21 décembre 1944 : Bastogne est encerclée par les troupes d'Hasso von Manteuffel. Celles-ci ont pour mission de s'emparer de ce nœud de communication pendant qu'il continue sa percée. C'est le début de la résistance des troupes d'Anthony McAuliffe.
- 23 décembre 1944 : le brouillard se dissipe, la puissante aviation alliée peut décoller et imposer de solides dégâts à l'armée allemande.
- 24 décembre 1944 : les troupes de Hasso von Manteuffel arrivent à Dinant. Elles sont aux portes de la Meuse, mais leur percée est trop mince et elles ne peuvent résister à des attaques sur les flancs ainsi qu'à l'aviation alliée.
- 26 décembre 1944 : George Smith Patton brise l'encerclement de Bastogne.
- 30 décembre 1944 : suite à l'impossibilité pour les troupes allemandes de passer la Meuse, Bastogne devient l'enjeu stratégique principal. Hasso von Manteuffel lance alors un assaut contre la ville. Celui-ci se solde par un échec.
- 3 janvier 1945 : la contre-attaque alliée est lancée. Bernard Law Montgomery et George

Smith Patton enfoncent les flancs nord et sud de la percée.

- 16 janvier 1945 : la jonction entre les deux armées est réalisée dans la ville d'Houffalize.
- 28 janvier 1945 : l'armée allemande est rejetée sur ses positions initiales.

Votre avis nous intéresse !
Laissez un commentaire sur le site de votre
librairie en ligne et partagez vos coups de cœur sur
les réseaux sociaux !

POUR ALLER PLUS LOIN

SOURCES BIBLIOGRAPHIQUES

- « Anthony C. McAuliffe », sur *Encyclopædia Britannica*, consulté le 12 août 2013. http://www.britannica.com/EBchecked/ topic/353746/Anthony-C-McAuliffe

- BERNARD (Henri) et GHEYSENS (Roger), *La bataille d'Ardenne : L'ultime Blitzkrieg de Hitler*, Bruxelles, Duculot, 1984.

- CARTIER (Raymond), *La Seconde Guerre mondiale*, tome 2, Paris, Larousse, 1965.

- « Historique », sur *Baugnez 44 Historical Center*, consulté le 12 août 2013. http://www.baugnez44.be/fr/historique.htm

- CHAUTARD (Sophie) et FÉKI (Masri), « Les Ardennes (16 décembre 1944-23 janvier 1945) », in *Les Grandes Batailles de l'histoire*, Nanterre, Studyrama, 2012.

- DE LEE (Nigel), *Paroles de combattants. La bataille des Ardennes*, Liège, Luc Pire, 2009.

- « Georges Smith Patton », sur *Encyclopædia Britannica*, consulté le 12 août 2013. http://www.britannica.com/EBchecked/ topic/446863/George-Smith-Patton

- « Hasso, baron of Manteuffel », sur *Encyclopædia Britannica*, consulté le 12 août 2013. http://www.britannica.com/EBchecked/topic/362935/Hasso-baron-of-Manteuffel

- « Histoire », sur *Musée de la bataille des Ardennes*, consulté le 10 août 2013. http://www.batarden.be/site/fr/histoire.html

- KEEGAN (John), *La Deuxième Guerre mondiale*, Paris, Éditions Perrin, 1990.

- « La bataille des Ardennes. Une chronologie succincte », sur *Centres de documentation et de recherche sur la Résistance et l'Enrôlement forcé*, consulté le 21 août 2013. http://www.secondeguerremondiale.public.lu/fr/dossiers-thematiques/batailledesardennes/index.html

- LABIAUSSE (Kevin), « Les Ardennes (1944-1945) », in *Les Grandes Batailles de l'histoire. De Marathon à la guerre du Golfe*, Paris, 2009.

SOURCES COMPLÉMENTAIRES

- BAUER (lieutenant-colonel) et REMY (colonel), *L'Offensive des Ardennes*, Glarus, Christophe Colomb, 1984.

- BEEVOR (Anthony), *La Seconde Guerre mondiale*, Paris, Calmann-Lévy, 2012.

- BUFFETAUT (Yves), « La bataille des Ardennes », dans *Militaria Magazine*, hors-série n°39, Paris, Histoire et Collection, 2000.

- BUFFETAUT (Yves), « Le siège de Bastogne », dans *Militaria Magazine*, hors-série n°42, Paris, Histoire et Collection, 2001.

- CROSS (Robin), *La Bataille des Ardennes en mots et en images*, Roubaix, Chantecler, 2012.

- CROSS (Robin), *La Bataille des Ardennes 1944. Le Dernier Espoir d'Hitler*, Roubaix, Chantecler, 2005.

- DELAVAL (Maurice), *Saint-Vith au cours de l'ultime Blitzkrieg de Hitler*, Vielsalm, J.A.C., 1984.

- GÉORIS (Michel), *La Bataille des Ardennes*, Paris, France Empire, 1994.

- LONGUE (Matthieu), *Massacres en Ardenne. Hiver 1944-1945*, Bruxelles, Racine, 2006.

- PARKER (Danny S.), *The Battle of the Bulge. The German View*, Barnsley, Greenhill Books, 1999.

FILMS, SÉRIES ET DOCUMENTAIRE

- *Bastogne (Battleground)*, film de William A. Wellman, avec Van Johnson, John Hodiak et Ricardo Montalbán, 1949.

- *La Bataille des Ardennes (Battle of the Bulge)*, film de Ken Annakin, avec Henry Fonda, Robert Shaw et Robert Ryan, 1966.

- *Un château en enfer (Castle keep)*, film de Sydney Pollack, avec Burt Lancaster, Patrick O'Neal et Jean-Pierre Aumont, 1969.

- « Bastogne », épisode 6 de la série télévisée *Frères d'armes (Band of Brothers)* réalisée par David Leland, avec Shane Taylor, 2001.

- « Point de rupture », épisode 7 de la série *Frères d'armes (Band of Brothers)* réalisée par David Frankel, avec Peter O'Meara, 2001.

- *Saints and soldiers*, film de Ryan Little, avec Corbin Allred, Alexander Polinsky et Pete Asle Holden, 2003.

- *Apocalypse. La 2e Guerre mondiale*, documentaire d'Isabelle Clarke et Daniel Costelle, France, 2009.

MUSÉES ET BÂTIMENTS COMMÉMORATIFS

- Ardennen Poteau 44 Museum, musée dédié à la bataille des Ardennes (Poteau, Belgique).

- Baugnez 44 Historical Center, musée dédié à la bataille des Ardennes (Malmedy, Belgique).

- Bastogne War Museum, musée dédié à la Seconde Guerre mondiale vue à travers le prisme de la bataille des Ardennes (Bastogne, Belgique).

- Musée de la Bataille des Ardennes (La-Roche-en-Ardenne, Belgique).

- December 44 Historical Museum La Gleize, musée dédié à la bataille des Ardennes (Stoumont, Belgique).

- Musée national d'histoire militaire centré sur la Seconde Guerre mondiale et la bataille des Ardennes (Diekirch, Luxembourg).

- Le cimetière militaire américain (Neuville-en-Condroz, Belgique).

- Le cimetière allemand (Sandweiler, Grand-duché de Luxembourg).

ISBN ebook : 978-2-8062-5426-9
ISBN papier : 978-2-8062-5606-5
Dépôt légal : D/2014/12603/10
Photo de couverture : *Battle of the bulge - American tank destroyers move forward during heavy fog to stem German spearhead near Werbomont, Belgium, 20th Dec 44* © US-Army history images. Domaine public.

Conception numérique : Primento,
le partenaire numérique des éditeurs